¿Qué es el relativismo?

PALABRA

© Diego Poole, 2025
© Ediciones Palabra, S.A., 2025
  Paseo de la Castellana 210 - 28046 MADRID (España)
  Telf. (34) 91 350 77 20 - (34) 91 350 77 39
  www.palabra.es
  palabra@palabra.es

Diseño de portada: Equipo editorial
Imagen de cubierta: © Kelemen Boldizsár
ISBN: 978-84-1368-448-2
Depósito Legal: M-5.406-2025
Impresión: Gohegraf, S.L.
Printed in Spain - Impreso en España

DIEGO POOLE

¿Qué es el relativismo?

dBolsillo

– ÍNDICE –

1. EN QUÉ CONSISTE
EL RELATIVISMO

Qué es el relativismo

Se cuenta de una clase de Filosofía en la que el alumno dijo a su profesor que la moral era algo relativo y que él, como profesor, no tenía derecho a «imponerle sus valores».

«Bien», contestó el maestro, «voy a aplicar a la clase tus valores y no los míos. Tú dices que no hay valores absolutos. Como mis ideas personales son bastante singulares, a partir de ahora, todas las alumnas quedan suspendidas». El chico, sorprendido, protestó diciendo que eso no era justo. El profesor le replicó: «¿Qué significa para ti ser justo? Porque si la justicia es solo "mi" valor o "tu" valor, entonces no hay ninguna autoridad común a nosotros dos. Yo no tengo derecho a imponerte mi sentido de la justicia, pero tú tampoco puedes imponerme el tuyo... Por tanto, solo si hay un valor universal llamado justicia, que prevalezca sobre nosotros, puedes juzgar injusto que yo suspenda a todas las alumnas. Pero si no existieran valores absolutos y objetivos fuera de nosotros, solo podrías decir que tus valores subjetivos son diferentes de los míos, y nada más».

Esta anécdota tan sencilla nos muestra el problema del relativismo ético: la negación de la posibilidad de conocer unos valores objetivos válidos para todos los hombres. En general, se acepta sin discusión la posibilidad de lograr un conocimiento objetivo de los hechos, pero no en lo que se refiere a los valores, a los criterios de comportamiento, porque cada cual tendría sus propios valores, tan valiosos como los de los demás.

La ética sería una cuestión relativa a cada persona (relativismo individualista), o a cada cultura (relativismo cultural), o a cada grupo social según su situación en el contexto de las relaciones sociales y económicas (relativismo sociológico). En cualquier caso, la consecuencia es la misma: las realidades que se refieren al sentido profundo de la vida humana personal y social, al bien y al mal moral, no serían válidas para todos los hombres. Cada época, cada cultura, cada religión o cada persona habrían utilizado diversos conceptos, imágenes, símbolos o metáforas para expresarlas. Cada una a su modo tendría su propia experiencia de la realidad. Ninguna cultura ni religión ni filosofía —se dice— puede alzarse con el «monopolio» de la verdad, que pertenece a todos por igual, o mejor, no pertenece a nadie. Todos los sistemas conceptuales, morales o religiosos serían relativos a un momento histórico y a un contexto social, y por lo tanto, necesariamente parciales e incompletos.

Entre las obras que más han contribuido a difundir el relativismo ético quiero destacar estas dos: *Investigación sobre los principios de la moral* (1751), de David Hume, y el artículo de Kelsen *Qué es justicia* (1957).

Hume trata de convencernos de que los juicios morales se basan en apreciaciones puramente sentimentales. Quien defienda, por ejemplo, la bondad de la heterosexualidad, solo podrá aducir motivos de orden sentimental, preferencias emotivas, quizá inducidas por el grupo social, pero no podrá alegar *razones*. En el dominio de la moral, el corazón es el rey, y la razón es solo un instrumento a su servicio, que únicamente nos ayuda a elegir los mejores medios para satisfacer el deseo que dicta el corazón. «La razón», dice Hume, «es, y solo debe ser, la esclava de las pasiones, y no puede pretender otro oficio que el de servirlas y obedecerlas»[1].

Kelsen, por su parte, desarrolla la idea de Hume y la proyecta sobre la filosofía moral, política y jurídica del siglo XX, hasta el punto de que su opúsculo *Qué es justicia* constituye como la carta magna del relativismo ético de nuestros días[2]. En el comienzo del capítulo IX dice:

> Si hay algo que podemos aprender de la historia del conocimiento humano, es lo estériles que resultan los esfuerzos por encontrar a través de medios racionales una

---

[1] En el Apéndice *Sobre el sentimiento moral*, Hume escribe: «La moralidad (…) depende totalmente del sentido o gusto mental de cada ser concreto, del mismo modo que la distinción de lo dulce y de lo agrio, de lo caliente y de lo frío surgen del sentimiento particular de cada sentido u órgano. Las percepciones morales, por tanto, no deben clasificarse con las operaciones del entendimiento, sino con los gustos o sentimientos». Cito de la edición castellana de 2007 hecha por Jaime Salas, en la que publica conjuntamente la *Investigación sobre los principios de la moral* y *La investigación sobre los principios del conocimiento humano*, publicada por Tecnos.

[2] En castellano está disponible en la Editorial Ariel (2008) en el libro *Qué es justicia*, que contiene varios artículos de Kelsen relacionados con el tema del relativismo. El primero de ellos es el que da título al libro. Este artículo se encuentra con facilidad en Internet.

norma de conducta justa que tenga validez absoluta, esto es, una norma que excluya la posibilidad de encontrar justa la conducta opuesta. Si hay algo que puede aprenderse de la experiencia espiritual del pasado, es que la razón humana puede concebir solo valores relativos; en otras palabras, que el juicio con que juzgamos algo justo no puede osar jamás excluir la posibilidad de un juicio de valor opuesto. La justicia absoluta configura una perfección suprema irracional. Desde la perspectiva del conocimiento racional, solo existen intereses humanos y, por consiguiente, conflictos de intereses. Zanjar los mismos supone dos soluciones posibles: o satisfacer a uno de los términos a costa del otro o establecer un equilibrio entre ambos. Resulta imposible demostrar cuál es la solución justa. Dado por supuesto que la paz social es el valor supremo, el equilibrio representará la solución justa. De todos modos, también la justicia de la paz es meramente una justicia relativa que, en ningún caso, puede erigirse en absoluta[3].

---

[3] KELSEN, HANS, *Qué es justicia*, op. cit., cap. IX.

Según Kelsen, todo «conflicto de valores» se resuelve siempre emocionalmente. Pone varios ejemplos: el del hombre que es llamado a filas y se debate entre el valor de la «vida», que le impide empuñar las armas, y el valor de la defensa del «interés u honor de la Nación», que le impulsa a ir a la guerra; el del preso condenado a cadena perpetua que se debate entre el suicidio y la fuga, según estime más su libertad o su vida; el de si es mejor un sistema económico libre o una economía planificada, según se dé más importancia al «valor de la libertad individual» o al «valor seguridad económica»... Son conflictos de intereses, explica Kelsen para justificar su teoría, que no se pueden resolver razonadamente, demostrando la superioridad de un valor sobre otro. Todo dependerá de las preferencias sentimentales de cada cual.

Para el relativismo ético, los sentimientos de cada uno son la última instancia moral. Estos sentimientos están provocados por muy diversos factores, pero especialmente por la presión ideológica del grupo al que uno pertenece. Así, nos dice Kelsen:

La solución dada al problema de la jerarquía de los valores —vida-libertad, libertad-igualdad, libertad-seguridad, verdad-justicia, verdad-compasión, individuo-nación– será distinta si el problema se le plantea a un cristiano, para quien la salvación del alma, esto es, el destino sobrenatural, es más importante que las cosas terrenas, o si se le presenta a un materialista, que no cree que el alma sea inmortal. De igual manera, la solución no puede ser la misma cuando se acepta que la libertad es el valor supremo –punto focal del liberalismo– que cuando se supone que la seguridad económica es el fin último del orden social –punto focal del socialismo–. La respuesta, entonces, tendrá siempre el carácter de un juicio subjetivo, por lo tanto, relativo[4].

El problema de valores es, sobre todo, un problema de conflicto de valores. Problema que no puede resolverse mediante el conocimiento racional. La respuesta al problema planteado es siempre un juicio que, en última instancia, está determinado por factores emocionales, ostentando, por consiguiente, un carácter altamente subjetivo. Esto significa que es válido únicamente para el sujeto

---

[4] KELSEN, HANS, *Qué es justicia*, op. cit., cap. II.6.

que formula el juicio, siendo, en ese sentido, relativo[5].

Dado que el hombre, en una u otra medida, es un ser de razón, intenta racionalmente, es decir, por medio de la función de su entendimiento, justificar una conducta determinada por el temor o el deseo[6].

Es el acuerdo entre los interesados lo que zanja la cuestión moral, al menos en lo que se refiere al comportamiento social. Lo mejor es siempre lo acordado, lo que sea fruto del consenso, y si este no es posible, lo mejor será lo que diga la mayoría.

Además de que los juicios morales son relativos a los sentimientos de cada cual, la realidad es lo suficientemente compleja y cambiante —dice el relativista— como para afirmar verdades absolutas. Los hombres vemos solo un aspecto muy parcial de la realidad, y tendemos a absolutizarlo y a presentarlo como la verdad objetiva; lo cual —sigue el relativista— manifiesta un desconocimiento de la riqueza y profundidad insondable de la misma realidad. Ante la com-

---

[5] KELSEN, HANS, *Qué es justicia*, op. cit., cap. II.5.
[6] KELSEN, HANS, *Qué es justicia*, op. cit., cap. III.3.

plejidad del mundo y la enorme variedad de caracteres humanos, la actitud más justa es la tolerancia y la humilde resignación con nuestra pequeña parcela de conocimiento, sin pretender absolutizar nuestras limitadas experiencias particulares. Así, se reivindica el relativismo, no sin cierta cursilería, como una especie de «castidad del entendimiento», frente a una *desenfrenada obsesión por la verdad*, que manifiesta una actitud dogmática y arrogante, o, al menos, presuntuosa, de todo aquel que se jacte de conocer «la verdad moral».

Para la mayor parte de los defensores del relativismo, la bondad moral consistirá en algo tan sencillo como la pura coherencia con lo que uno piensa, sea lo que sea. Y así, con frecuencia, tras la muerte de una persona, se oye decir, como elogiando toda su trayectoria: *fue una persona coherente, fue consecuente con sus principios*, y la gente se queda tan ancha. El propio Kelsen nos lo dice muy claramente: «Un hombre es justo cuando su obrar concuerda con el orden considerado justo»[7].

---

[7] KELSEN, HANS, *Qué es justicia*, op. cit., cap. I.1.

Primera objeción al relativismo: generador de «buenismo»

Si los valores solo se «justifican» por referencia a las emociones, no hay manera de llegar a un acuerdo racional sobre la superioridad de unos valores sobre otros. Habrá solo conflicto de intereses, que se resolverán según la regla de la mayoría. No tendría sentido intentar demostrar nada a nadie. Semejante pretensión sería tan absurda como intentar demostrar, pongamos por caso, que el helado de chocolate es mejor que el de fresa. Si es cuestión de gustos, cada cual tendrá los suyos, y ninguno de ellos será mejor que el resto. Todos serán igualmente legítimos. Quien intente imponer el suyo será un avasallador, dogmático e intolerante.

Consecuencia del relativismo es el sentimentalismo irracional –que algunos llaman *buenismo*–, que se difunde cada vez más, desde la infancia, incluso a través de los dibujos animados. Se va extendiendo la idea de que aquí todo el mundo es bueno, haga lo que haga: el adúltero, el mentiroso, el impío... La sensibilidad «moral», en cambio, se dispara ante actuaciones de lo más inofensivas. Aunque sea una tontería, lo cuento por la gracia que tiene: me comentaron que un niño le dijo a su madre mientras limpiaba el pescado en la cocina: «Mamá, no mates a los pececitos... Nos los comemos vivos». Y esto, por no hablar de temas tan importantes como la fidelidad matrimonial, la sinceridad, la castidad... que se presentan como opciones valorativas, elegibles como quien se hace socio de un equipo de fútbol: «Yo soy prolife», «Pues, yo soy prochoice», «¡Qué guay, qué bonito es que seamos diferentes!». Y así con todos los temas morales. Por ejemplo, llama mucho la atención la campaña sistemática antitabaco, que parece una verdadera persecución contra el fumador (que casi merece ser catalogado ya como especie protegida), en contraste con la libertad con que se administra la píldora abortiva, incluso a menores. Se obliga a poner en los paquetes de tabaco: «El tabaco mata», cosa que es verdad, pero mucho más verdad es que la píldora abortiva también mata, pero no lo advierten, y mata a un inocente que no tiene culpa de nada, y que ni siquiera fuma... «Sorprende la selección arbitraria de lo que hoy se propone como digno de respeto. Muchos, dispuestos a escandalizarse por cosas secundarias, parecen tolerar injusticias inauditas»[8]. Con el

---

[8] BENEDICTO XVI, Encíclica *Deus Caritas est*, n. 75.

relativismo ético, colamos un mosquito y nos tragamos un camello.

Lo más grave de todo esto es que el relativismo produce un desorden en los amores. Y, al contrario de lo que sucede en los números, el orden en los amores sí que altera el producto. Hay gente que ama más a su cuerpo que a su hijo; a su perro o a su gato, más que a sus padres; a sus compañero de trabajo, más que a su marido; o a su coche, más que a su esposa... Desde el relativismo no hay manera de impedir esta alteración de los valores, antes bien, con él se justifica.

El sentimentalismo al que conduce el relativismo puede a veces desembocar en actitudes crueles. Aunque parezca mentira, no hay persona más cruel que el sentimental, que da más importancia a lo que siente que a lo que realmente hace. Por eso, el sentimental suele ser también voluble, inconstante y egoísta. Dicen de Rousseau, el «apóstol del sentimiento», que derramaba lágrimas al contemplar su propia bondad, después de abandonar a sus cinco hijos, uno tras otro, en la puerta del hospicio.

En realidad no existen relativistas coherentes

Se dice que el soldado español nunca retrocede; si acaso, da media vuelta y continúa avanzando. Es una forma ingeniosa de no reconocer la verdad. La mayoría de los que defienden el relativismo hacen algo parecido: por no discutir, se pegan con quien haga falta. El relativista defiende su posición como gato panza arriba, con una intransigencia que ya quisieran los más dogmáticos. En realidad, como dice Ignacio Sánchez Cámara, «el relativista suele ser un absolutista de lo relativo. Así, invirtiendo lo que es correcto, absolutiza el Derecho, es decir, lo relativo, mientras que relativiza lo absoluto, es decir, la moral»[9].

Si el relativista fuera consecuente, el aborto no sería ni un derecho ni un delito. Quien dice que el aborto voluntario es un derecho es tan poco relativista como quien sostiene que es un crimen. Algo semejante se puede decir de la eutanasia, la pena de muerte, el divorcio, el sexo como deporte, etc.

Un gobierno que profese el relativismo —soy consciente de lo absurdo de la expresión, pero es que algunos realmente lo profesan— no debería inclinarse por ninguna opción moral. El caso español es muy significativo: se pretende adoctrinar a los niños en una visión del sexo como

---

[9] SÁNCHEZ CÁMARA, IGNACIO, Diario ABC, 10-VII-2004.

deporte nacional, al tiempo que se dice que el Estado ha de ser neutral en el ámbito ético (más adelante veremos lo contradictorio que es el que un gobierno se considere éticamente neutral).

2. CONCIENCIA Y RELATIVISMO

Planteamiento relativista de la conciencia

La conciencia, según la postura relativista, sería «un código moral», fruto exclusivo de influencia recibida. Factores externos combinados, tales como la educación, la presión del grupo social o religioso, los medios de comunicación, la publicidad... serían las únicas fuentes generadoras de códigos morales. El código de cada cual sería la instancia que nos hace valorar positiva o negativamente determinados comportamientos. La conciencia actuaría como el «guardián del código», de tal manera que, cada vez que transgredimos el código, se produciría como una descarga de malestar o desasosiego, que sirve como indicador de la desviación de nuestra conducta. La desviación es, por tanto, siempre relativa al código que cada cual haya asumido.

El relativismo rechaza como una injerencia ilegítima la de aquellas instancias «creadoras de códigos», como la Iglesia, que trata de inculcarlo en sus seguidores, originando así un sentimiento de culpa, que aumenta en la misma proporción en que sus seguidores no respetan el código. Quien intente justificar o vincular la recta conciencia con el mensaje cristiano, estaría tratando de imponer un código moral, entre otros igualmente válidos.

¿Por qué tanto interés en imponer un determinado código sobre el mayor número de personas? La razón fundamental —aduce el relativista— es la de mantener el dominio y el control de los seguidores, porque es más eficaz identificar su credo con la voz de la conciencia, que plantearla sin más como una opción vital equivalente a las demás «cosmovisiones».

La misma palabra «formación» irrita sobremanera a la mentalidad relativista, porque supone la idea de que existe una forma de ser que la educación contribuye a realizar. Desde la perspectiva clásica, educar consistía en ayudar al niño a lograr la plenitud de su forma física, intelectual y moral. Lo contrario, lo que defiende la mentalidad relativista, es que el hombre es un ser naturalmente amorfo, capaz de cualquier género de vida. Los géneros de vida serían como los trajes, donde cada cual elige el que quiera, porque todos se consideran aptos e igualmente legítimos para *vestir* la vida, «siempre que no hagan daño a los demás».

Una crítica a la idea relativista de la conciencia

Es verdad que la conciencia es como una especie de Pepito Grillo que todos tenemos dentro, que nos ayuda a discernir lo que está bien y lo que está mal. También es verdad que buena parte de nuestra conciencia se ha forjado por el influjo de la educación, del grupo social, etc. Y también es cierto que la conciencia se puede manipular, esto es, se puede convencer a alguien de que determinado comportamiento que *nos interesa* está bien o mal moralmente.

Pero el problema fundamental de este modo relativista de entender la conciencia es que la concibe como instancia última de moralidad, y no como instancia próxima. La conciencia presupone una cierta idea objetiva del bien propio y ajeno. Funciona un poco como el sentido del dolor, que nos dice que algo no va bien en nuestro organismo. Si no tuviéramos capacidad de sentir dolor físico, nos moriríamos a la menor enfermedad. Muchos tetrapléjicos se mueren por neumonía, precisamente porque no tosen, no estornudan cuando algún agente extraño se infiltra por las vías respiratorias. Hace años leí una noticia de dos niños que no experimentaban ningún dolor físico, al menos en la piel y en los músculos, y por eso les ataban las manos, porque no solo se comían las uñas, sino también los dedos. El dolor nos protege, precisamente porque se despierta cuando algo *realmente* nos perjudica. Es verdad que la educación recibida nos puede ayudar a soportar dolores y a saber identificarlos. Pero los dolores no son una creación del educador, no son fruto exclusivo de la educación recibida. Responden a una necesidad objetiva del organismo, que ninguno de nosotros elige. La capacidad de sentir dolor viene de fábrica, como quien dice. La educación modula nuestras reacciones para que se ajusten realmente a nuestras necesidades y a las de los demás, pero la educación no nos impone dolores.

Pues con la conciencia sucede algo parecido. Por naturaleza tenemos una orientación hacia el bien, hacia la plenitud de la propia forma y de la de los demás. El niño entiende mucho mejor el bien que el mal, porque el bien va en la línea de su dinamismo natural objetivo. Es verdad que se le puede pervertir haciéndole creer que está bien lo que está mal, hasta el punto de deformar en él la sensibilidad moral. Lo mismo que puedo hacerle dormir siempre poco hasta perturbar establemente su cabeza.

Cuando una persona tiene tan desafinada su sensibilidad moral, esto es, su conciencia, que hace el mal sin remordimiento, decimos que es un sádico. El sádico es el que ha perdido la capacidad de sentir culpa, porque hace sufrir a los demás sin sentir ningún remordimiento. Y si además se hace daño a sí mismo, decimos que es un sadomasoquista.

Pero, con todo, la conciencia es principio próximo de valoración, no último. ¿Cuál es el principio último de la valoración moral, conforme al cual deberían estar ajustadas todas las conciencias? Pues la misma realidad de las cosas. Una persona buena, realmente buena, que tenga bien ajustada su conciencia, es aquella que *le sabe mal lo que realmente está mal*, y *bien lo que está bien*. Es la misma realidad objetiva de la vida del hombre y de su destino, del porqué de su existencia, lo que le permite valorar la corrección o incorrección de sus propias acciones. Es verdad que todos los hombres tienen el deber de actuar según su conciencia, pero también tienen el deber de procurar que se ajuste a la realidad, es decir, de formarla continuamente, mediante el diálogo con personas que avalen con su vida lo que dicen, mediante el estudio y la observación de la realidad.

La concepción relativista sobre la conciencia nos puede ayudar a comprender alguna de las razones por las que se rechaza más la moral cristiana que las otras. ¿Por qué no hay manifestaciones contra los budistas, los mahometanos o los zulúes? Sin entrar en motivos de orden sobrenatural, se podría explicar del siguiente modo: puesto que ninguno soporta vivir establemente contra su conciencia, cuando actúa contra ella, si no rectifica su vida, tiende a cambiar su conciencia, lo cual requiere desautorizar la instancia que defiende lo mismo que su conciencia le reprocha. Y cuanto más fuerte sea el remordimiento, con más fuerza habrá que desautorizar a la instancia que defienda lo mismo que la conciencia. Y puesto que, *por naturaleza*, la conciencia no suele reprochar, digamos, el comer carne de vaca o el caminar en sábado más de quinientos pasos, pero sí, en cambio, matar a un inocente, abandonar al cónyuge, no buscar a Dios, acostarse con la mujer del vecino, estafar a los clientes... cosas todas que prohíbe la moral cristiana, la conclusión es: acabemos con la moral cristiana a ver si la conciencia nos deja tranquilos. Los relativistas más radicales, aunque posiblemente no lo digan expresamente, piensan: si queremos vivir en paz con nosotros mismos, rechacemos con fuerza a la instancia que alienta o defiende lo mismo que nuestra conciencia.

Pero esto es como dar palos al aire. La conciencia está ahí y tiene una inclinación que hace que sus dictámenes coincidan precisamente con el mensaje que defiende el cristianismo. Los diez mandamientos no son un invento sobreañadido arbitrariamente a la naturaleza del hombre. Acabando con el mensajero, no se acaba con el mensaje, precisamente porque la Iglesia no es el único mensajero de la moralidad, sino también y principalmente lo es nuestra propia naturaleza, que el cristianismo con su mensaje secunda y trata de fortalecer.

Por lo tanto, ser fiel a un «código ético» no es suficiente. Hace falta que el código ético sea el apropiado. Lo mismo que a nadie se le antoja reparar su lavadora con las instrucciones de la nevera, sería absurdo seguir unas normas de conducta que no son las nuestras, precisamente porque no responden a la naturaleza del hombre. Las normas morales no son un añadido posterior al ser del hombre, como si sobre el *hardware* de su corazón se le añadiera cualquier *software*. No, las normas morales son la expresión de su misma constitución y de las acciones que ha de realizar u omitir para alcanzar la plenitud de su forma. Lo mismo que hay dietas más equilibradas que otras, precisamente porque responden mejor a las necesidades objetivas del organismo humano, hay unas conductas más apropiadas, más humanas que otras. Sería de locos, por ejemplo, que el cliente, a la hora de comprarse un coche, dijera al vendedor: «Pues mire usted, a mí nadie me impone normas sobre cómo debo manejar este vehículo. Nada de gasolina, que está por las nubes: le pondré agua. Y de aceite no me dé usted consejos: le echaré lejía. Además, las curvas las tomaré a 220 km/h, que a mí me gustan las curvas…». Y mucho más loco sería el que dijera que a él nadie le impone normas sobre lo que debe echarse al estómago. Pues con la moral sucede algo parecido: uno no puede realizar cualquier comportamiento y quedarse igual. Después de todo acto inmoral queda la culpa, que es una deformidad en la voluntad, como el error es la deformidad del intelecto. Los actos inmorales deforman nuestra constitución moral de un modo análogo a como nos deformaría una lesión física.

Por otra parte, en contra de lo que defienden muchos relativistas, podemos decir que la *coherencia* con uno mismo no es de por sí un valor moral. Porque uno puede ser un asesino en serie, muy coherente en todas sus decisiones, todas ordenadas y encaminadas a su plan homicida; y por muy consecuente que sea, no decimos que sea una buena persona, sino todo lo contrario. «Si te sale un hijo criminal, al menos que no te salga diligente». Dicen que en el epitafio del Cardenal Richelieu está escrito: «Hizo el bien e hizo el mal. El bien lo hizo mal, pero el mal lo hizo bien». Puestos a hacer el mal, lo mejor es no ser muy coherente.

3. DEMOCRACIA Y RELATIVISMO

¿Poncio Pilato como paradigma de demócrata?

Actualmente son muchos los que con Kelsen defienden que la ausencia de una verdad absoluta, o al menos la imposibilidad de conocerla racionalmente, es el fundamento de la democracia. Sería, por tanto, la común ignorancia sobre el bien objetivo lo que fundaría la igual posición de todos a la hora de determinar el contenido de la ley. El único límite para establecer el contenido de la ley sería el principio de mayoría y el respeto al procedimiento establecido según las reglas formales de la democracia. Otra vez es Kelsen quien expone con toda claridad esta idea. Veamos en qué términos:

> Decir que los juicios de valor solo tienen una validez relativa –principio básico en el relativismo filosófico– implica que los juicios de valor opuestos son lógica y moralmente

posibles. Dado que todos gozan de la misma libertad e igualdad, uno de los principios fundamentales de la democracia es que cada cual respete la opinión política de los demás. No es posible encontrar la tolerancia, los derechos de las minorías, la libertad de pensamiento y de expresión, que tanto caracterizan a la democracia, dentro de un sistema político que se base en la creencia en valores absolutos[1].

Para justificar su teoría, Kelsen trae a colación el capítulo dieciocho del Evangelio de san Juan, donde se relata el momento en que Jesús es llevado ante Pilato acusado de pretender ser hijo de Dios y rey de los judíos. Kelsen presenta esta imagen precisamente porque expresa el dilema fundamental de la filosofía jurídica en Occidente: la opinión de la mayoría frente a una institución que defiende la existencia de unos valores objetivos que han de estar por encima del mismo debate político, la Iglesia católica. Ante las palabras de Jesús «Tú lo has dicho, yo soy rey. Para esto he nacido y para esto vine al mundo, para que yo dé testimonio de la verdad. Todo el que esté de parte de la verdad escucha mi voz», Pila-

---

[1] KELSEN, HANS, «Absolutismo y relativismo», cap. V, en *Qué es Justicia*, op. cit., p. 123.

to le responde con una pregunta retórica: «¿Qué es la verdad?», dando a entender que no existe o que es inaccesible para nosotros y, en todo caso, que no le importa. Kelsen comenta: «Y Pilato, que era un escéptico relativista y no sabía qué era la Verdad ni cuál era la Verdad absoluta en la que aquel hombre creía, procedió de modo consecuentemente democrático al someter la decisión de este caso a la votación popular»[2]. A Kelsen solo le falta añadir: «Y la mayoría decretó la tortura y muerte del más inocente de los hombres».

Es verdad que el mismo Kelsen, a renglón seguido, dice que este plebiscito representa un fuerte argumento en contra de la democracia, pues por él se condenó un hombre inocente. Pero él mismo se da la respuesta: «Nosotros, científicos de la política, debemos aceptar este argumento con una sola condición: que estamos tan seguros de nuestra verdad política que la impongamos si es necesario con sangre y lágrimas, que estemos tan seguros de nuestra verdad como el hijo de Dios lo estaba de la suya»[3].

---

[2] KELSEN, HANS, «Absolutismo y relativismo», cap. VI, en *Qué es Justicia*, op. cit., p. 124.

[3] KELSEN, HANS, «Absolutismo y relativismo», cap. VI, en *Qué es Justicia*, op. cit., p. 125.

Crítica al positivismo relativista

La democracia presupone valores. Para
empezar, los derechos humanos

No es verdad que la democracia respete por igual todas las opiniones políticas, porque ella misma es una opinión política junto a otras, aunque posiblemente la más conforme a la dignidad y libertad humanas. La democracia se sostiene tanto sobre el valor de la igualdad, como sobre la común dignidad de los hombres o, mejor, sobre *la igual dignidad* de todos los hombres. Un régimen verdaderamente democrático, antes de caracterizarse por la prevalencia de la opinión mayoritaria, se define por el respeto que tiene hacia todo ser humano. La democracia, por lo tanto, no se funda en la ausencia de valores, sino en la común dignidad humana, que es un valor moral de primera magnitud.

La democracia presupone un núcleo ético no relativista, y este núcleo está formado por los derechos humanos. Estos derechos son como las fronteras de la democracia, dentro de las cuales han de jugar las mayorías, sin salirse de su respeto y promoción. Los Parlamentos pueden debatir sobre el mejor modo de protegerlos y promoverlos, pero no pueden abolirlos, so pena de renunciar a ser verdaderamente democráticos. Uno es demócrata, ante todo, en la medida en que respeta la común dignidad de todos los seres humanos. Son, por eso, tremendamente injustos y antidemocráticos los que defienden, por ejemplo, el aborto o la eutanasia, porque excluyen a otros hombres del derecho humano más básico, que es el derecho a la vida, sobre el que se fundan todos los demás derechos.

El consenso solo es legítimo cuando se funda sobre unas normas básicas sobre las que no se discute. Por eso dice Aristóteles, al tratar sobre los límites del discurso, que quien discute si se puede matar a la propia madre no merece razones, sino azotes. Para entrar en el debate público, hace falta un mínimo de sensatez. No se discute sobre si hay que proteger los derechos humanos, sino sobre el mejor modo de hacerlo. Y quien diga que no hay que protegerlos, lo mejor es protegernos de él.

Con el relativismo, sería correcto lo que escribió Georges Duchéne: «¡La verdad, la ley, el derecho, la justicia dependerían de cuarenta traseros que se levantan contra veintidós que se quedan sentados!»[4].

---

[4] «La vérité, la loi, le droit, la justice dépendraient de qua-

El concepto de dignidad humana es incomprensible para el relativismo

Hay un concepto básico que introduce el cristianismo, que es el concepto de dignidad, por el que se reconoce la singular excelencia del hombre, como el ser más valioso de toda la naturaleza material. El concepto de dignidad enriqueció el concepto de persona. Desde el cristianismo, la noción de persona ya no solo sirvió para referirse a la dimensión naturalmente pública que tiene el hombre, sino principalmente para referirse a su carácter irrepetible. Cada hombre, por ser persona, es único. A mi madre, que tiene catorce hijos, cuando le preguntan cuántos hijos tiene, responde sin dudar: «Tengo catorce hijos únicos». Y así es, porque todos los hombres somos únicos. A nadie le gusta ser «el típico» lo que sea. Todos tenemos un amor natural a nuestra condición de persona y queremos que se vea reconocida como tal. La mentalidad relativista no es capaz de justificar la común dignidad del hombre, que no requiere de consensos ni de mayorías para ser reconocida. Nadie es persona porque lo decida un código, otra cosa es que injustamente la ley no proteja a todos los hombres.

---

rante croupions qui se lèvent contre vingt-deux qui restent assis!», DUCHÉNE, GEORGES, en *La Commune*, 18-V-1871.

El relativismo no solo es incapaz de asegurar la dignidad, sino que él mismo justifica su propia violación. Un claro ejemplo es el recurso del relativismo cultural para legitimar en algunas sociedades el «derecho al aborto», «el derecho al hijo por parte de parejas homosexuales», la ablación femenina, las lapidaciones...

Con el relativismo, la razón es sustituida por la fuerza

Me contaron que la diferencia entre el político y el ladrón es que yo elijo al político, pero el ladrón me elige a mí. Y ciertamente, si la razón queda excluida como exigencia del debate público, nada puede impedir que la mayoría intente avasallar a las minorías. El relativismo, al separar por completo la voluntad y la verdad, confía las decisiones políticas a la pura voluntad, y a un equilibrio de intereses contrapuestos. El relativismo vuelve a poner en primer plano la máxima de Hobbes: *auctoritas, non veritas, facit legem*. Es la autoridad, el poder puro y duro, no la verdad, el único fundamento de la ley.

Pero la fuerza sin razón se transforma en violencia. Da igual que sea la fuerza de la mayoría. Incluso, peor todavía, porque entonces tiene más fuerza. Puede aplicarse aquí lo que dice Tomás de Aquino sobre las pasiones que no son moderadas por la razón, que compara con un caballo en carrera, que si es ciego, cuanto más corre, tanto más violentamente tropieza y se daña[5].

Además, desde la perspectiva relativista no hay propiamente un bien común objetivo, sino intereses mayoritarios, que, por otra parte, serían inducidos, y manipulados en su expresión, por los medios de comunicación dominantes.

Pero lo cierto es que también es fuente del derecho y de las decisiones políticas un núcleo de verdad ética, sobre el hombre, su dignidad y sus derechos, que el Estado debe tomar del sentido común y de la gran tradición moral y religiosa contrastada por el tiempo y el pensamiento, y en cualquier caso, de instancias intelectuales que sean independiente de los intereses políticos.

El debate presupone la verdad

La democracia, como foro de diálogo, presupone la verdad. Allí donde no hay verdad, no hay debate. Si se dan posiciones diversas que entran en confrontación dialógica, es porque se presupone que hay razones que pueden tener más peso que las demás.

---

[5] DE AQUINO, TOMÁS, *Suma Teológica*, I-II, q. 58, a. 4 ad 3.

La opinión de muchos tiene valor, no porque sean muchos, sino porque se presume que hay más facilidad de acierto cuando la misma realidad se contempla desde diferentes perspectivas. Un jurista del siglo XIII, Sinibaldo dei Fieschi, que luego fue el papa Inocencio IV, hizo célebre la máxima latina *per plures melius veritas inquiritur*. Que vulgarmente podríamos traducir como «cuatro ojos ven más que dos». Pero esto no significa que por ser cuatro, y no dos, tengan razón, sino que tienen más posibilidad de tenerla, suponiendo –aunque es mucho suponer– que todos sean igualmente capaces.

En cualquier caso, ya sea un debate entre cuatro, ya sea entre cuatrocientos, únicamente será posible un discurso público racional sobre la base de un criterio común, que trascienda la voluntad individual; un discurso que permita justificar la validez de unos comportamientos y la prohibición de otros. Sobre esta base no habría lugar para el mero conflicto de intereses, sino para un diálogo verdaderamente racional, donde unos argumentos valdrían realmente más que otros, precisamente porque son más fieles a la realidad que otros. Por principio, la democracia vive de la confianza en la posibilidad de un entendimiento racional. Donde no hay posibilidad de argumentar sobre algo que precede y vincula la voluntad de los interlocutores, no hay más que conflicto de intereses, en el que se termina imponiendo el que tenga más fuerza, no el que tenga más razón.

En las primeras líneas del *De Interpretatione*[6], Aristóteles sostiene que las lenguas que hablan los hombres son expresión de los pensamientos, y estos, a su vez, se refieren a las cosas reales y verdaderas, que son las mismas para todos. La realidad pura y dura es el espacio común en el cual los seres humanos podemos encontrarnos y de donde surge la comunicación. La verdad es primariamente las cosas mismas en cuanto se abren al conocimiento y a la comunicación; y por relación con las cosas mismas, también se llama verdad a los pensamientos y a los discursos que hablan de ellas. La palabra existe para hacer manifiesto lo bueno y lo malo, lo justo y lo injusto. Y la comunidad de estas cosas es lo que constituye la familia y el Estado[7].

Vemos, por lo tanto, que el fundamento de la democracia no es el relativismo, como decía Kelsen, sino todo lo contrario: la capacidad de verdad y de entendimiento racional entre los

---

[6] Cfr. ARISTÓTELES, *De Interpretatione*, I, 1.
[7] Cfr. ARISTÓTELES, *Política*, I, 2.

hombres. Es precisamente la comunidad de los valores formada y puesta de manifiesto por el discurso racional lo que da lugar a la comunidad política y hace posible la democracia[8].

Sobre el hecho de que las palabras sean la expresión de las cosas mismas, que son comunes para todos, hay un poema maravilloso de Juan Ramón Jiménez:

¡Inteligencia, dame / el nombre exacto de las cosas! / Que mi palabra sea / la cosa misma, / creada por mi alma nuevamente. / Que por mí vayan todos / los que no las conocen, a las cosas; / que por mí vayan todos / los que ya las olvidan, a las cosas; / que por mí vayan todos / los mismos que las aman, a las cosas... / ¡Inteligencia, dame / el nombre exacto, y tuyo, / y suyo, y mío, de las cosas![9].

Al final, las normas solo se respetan por temor al castigo

Tengo un amigo al que una vez le paró el coche la policía por saltarse un semáforo. El agente se acercó a la ventanilla y le preguntó: «¿No

[8] Araos San Martín, Jaime, «Relativismo, tolerancia y democracia en H. Kelsen», VERITAS, vol. III, nº 19 (2008) p. 254.
[9] Jiménez, Juan Ramón, *Eternidades*.

ha visto el semáforo?». Mi amigo respondió: «El semáforo lo he visto, a quien no había visto es a usted». Y es que cuando las normas no se pueden justificar con razones, sino solo con la fuerza de la mayoría, los ciudadanos no encuentran otro motivo para obedecer que el temor a la sanción. Y esto, a la postre, no lo sostiene ningún ordenamiento jurídico. En contra del positivismo, el Derecho no mantiene su eficacia por la amenaza de la sanción, sino porque la inmensa mayoría de los ciudadanos tienen unos criterios de base moral y religiosa, que les motivan para ser justos con los demás. Identificar como justo todo lo que dice el Derecho y reducir lo justo a lo que dice el Derecho es, además de injusto, imposible. El *humus* cultural sobre el que se funda la moral es anterior y da soporte también al mismo Derecho, entre otras cosas, porque casi nadie lee las normas jurídicas.

4. VALOR, VERDAD Y VIRTUD

El hombre es capaz de conocer la verdad.
Deseo de verdad

Una vez leí que una maestra de escuela se paseaba por la clase mientras los niños hacían dibujos, hasta que llegó a la mesa de una niña que estaba muy metida en su tarea.

—¿Qué estás haciendo? –preguntó la profesora.

—Estoy pintando a Dios.

La maestra sorprendida le replicó:

—Pero nadie conoce cómo es Dios.

Sin levantar la vista de su dibujo, la niña contestó:

—Pues ahora lo van a conocer.

Esta sencilla anécdota tiene un mensaje profundo: la niña estaba convencida de poder conocer a Dios y de poder transmitir su conocimiento a los demás. El relativismo, en cambio, trata de convencernos de que las verdades que realmente más nos importan no se pueden conocer.

El anhelo de verdad que tiene el hombre sería un deseo imposible, una broma cruel del destino.

Con frecuencia se oye decir que las verdades religiosas, las que se refieren al sentido último de la vida, no son más que proyecciones de nuestra fantasía, consuelos que nos distraen un poco de la vida presente. El marxismo trató de convencernos de que Dios y la vida eterna eran creaciones de la imaginación del hombre oprimido. Cuanto más oprimido, más religioso sería el hombre, porque trataría de buscar un consuelo en el más allá. Por eso, Marx decía que allí donde hay religión, hay miseria, porque el hombre recurre a Dios como una droga –el opio del pueblo, decía– para consolarse por su desdicha. De ahí la pretensión marxista por despertar a los hombres de este «sueño religioso» para que se preocuparan por el más acá, un despertar que consistía precisamente en acabar con la religión.

La religión y todas las ideas sobre el más allá serían «proyecciones» de nuestros deseos. Por eso, se ha extendido en el lenguaje común la expresión «sentimientos religiosos», en lugar de «conocimientos religiosos». Casi nadie dice, por ejemplo, «eso atenta contra el conocimiento religioso de la mayoría». Más bien, se suele decir «atenta contra los sentimientos religiosos». En cambio, a nadie que le obligaran a beber, pongamos por caso, un vaso de gasolina, diría que «va contra sus sentimientos gastronómicos». Sencillamente va contra la estructura real de su sistema digestivo.

La religión no es un mero sentimiento, un sueño de dicha inalcanzable. Sería como el chiste en el que uno le dice a otro:

—Yo siempre sueño con ser millonario, como mi padre.

—¡Pero tu padre no fue millonario! –dijo el otro desconcertado.

—Ya, pero él también lo soñaba.

Qué es la verdad. La verdad como bien del intelecto

De muchas maneras, en prosa y en verso, podríamos definir la verdad. Antonio Machado, en verso, lo hace con muy pocas palabras: «La verdad es lo que es / y sigue siendo verdad / aunque se piense al revés»[1]. Y luego, para responder al verso relativista de su colega Ramón de Campoamor «En este mundo traidor / nada es verdad o mentira, / todo es según el color del

---

[1] MACHADO, ANTONIO, *Proverbios y Cantares*, número XXX.

cristal con que se mira»[2], Machado replica: «¿Tu verdad? No, la verdad,/ y ven conmigo a buscarla./ La tuya, guárdatela»[3].

La verdad es lo que es, es la realidad misma, las cosas como realmente son fuera de nuestra mente. Los clásicos llamaban a esta verdad «verdad ontológica». Y llamaban verdad gnoseológica a la adecuación entre el entendimiento y la realidad. De tal modo que uno está en la verdad de una cosa cuando lo que piensa coincide con la cosa en la que piensa. Y dice la verdad no solo cuando dice lo que piensa, sino cuando lo que piensa coincide con la realidad, porque una cosa es el error y otra, la mentira: uno comete un error cuando dice lo que piensa, pero su pensamiento no se ajusta a la realidad; y miente cuando ni siquiera dice lo que piensa.

Aristóteles, quizá el más realista de los filósofos, en su *Metafísica* escribe: «Dice falsedad aquel cuyo juicio está articulado al contrario que las cosas. (…) Desde luego, tú no eres blanco porque sea verdadero nuestro juicio de que tú eres blanco, sino, al contrario, porque tú eres

[2] DE CAMPOAMOR, RAMÓN, *Doloras y humoradas*, Poema Las dos linternas.

[3] MACHADO, ANTONIO, *Proverbios y Cantares*, LXXXV.

blanco, nosotros decimos algo verdadero al afirmarlo». Y un poco más adelante, añade: «La verdad y falsedad consisten en esto: la verdad en captar y enunciar la cosa (...), mientras que ignorarla consiste en no captarla»[4]. La realidad marca la pauta de la verdad y siempre va por delante del pensamiento.

La verdad es el bien del intelecto. Santo Tomás decía que el entendimiento se adecua a la realidad, como la materia a la forma. Por eso, el entendimiento que no conoce la verdad es un entendimiento deforme. Más claramente lo dice san Agustín: «Quien desconoce la verdad, nada conoce»[5]. Santo Tomás, añade: «Debe decirse que una opinión falsa es cierta operación deficiente del intelecto, así como el dar a luz a una criatura deforme es cierta operación deficiente de la naturaleza, por lo que incluso el Filósofo dice en el libro VI de la *Ética* que la falsedad es el mal del intelecto»[6].

---

[4] ARISTÓTELES, *Metafísica*, Libro IX, cap. X, 1051b.

[5] SAN AGUSTÍN, en el libro LXXXIII [q. 32] de las «Cuestiones», cit. de S.T.

[6] DE AQUINO, TOMÁS, *Cuestiones disputadas sobre el mal*, q. 16, a. 5.

Antonio Millán Puelles lo explica muy claramente, simulando un sencillo diálogo entre tres relativistas y un realista:

A: Siento frío.

B: Yo, en cambio, siento calor.

C: ¿Ven ustedes? Eso es una prueba o un ejemplo de que todo es relativo, hasta la temperatura.

D: No lo creo. Lo relativo no es la temperatura, sino la manera en que la siente A y la manera en que la siente B.

C: Me da igual, porque lo que yo quiero decir es que el conocimiento que tenemos de la temperatura es relativo, en cada caso, al sujeto correspondiente.

D: No es verdad. Porque aunque A sienta frío y B sienta calor, los dos pueden conocer de un modo objetivo la temperatura.

C: ¿Cómo?

D: Muy sencillo: mirándola en un termómetro. Y le pongo otro ejemplo. Dos viajeros van en un mismo coche; y a uno le parece que el coche corre poco y el otro asegura que el coche corre mucho, quizá demasiado. Hay un modo fácil de conocer la velocidad real del coche: mirar lo que marca el indicador de velocidad[7].

No engañarse

Leonardo Castellani escribió: «A un hombre que se quiere engañar,/ ¿qué castigo le hemos de dar?/ Dejarlo que se engañe, amigo/. ¡No hay peor castigo!». Nos podemos engañar de muchas maneras, y tenemos la tentación de hacerlo cuando las cosas no salen como teníamos previsto, o no son lo que nos gustaría, sobre todo cuando se refiere a los propios errores.

La verdad moral, esto es, la verdad sobre lo que está bien y lo que está mal, requiere, además de una cabeza que funcione correctamente, una cierta rectitud de vida, porque es difícil, por ejemplo, admitir que uno debe ser fiel a su mujer cuando vive con otra y no quiere rectificar. La verdad moral se abraza no solo con la mente, sino también con la vida.

Buena parte del relativismo imperante se debe precisamente a la relajación de las costumbres. Es muy significativo el texto de Sexto Empírico, probablemente del s. II de nuestra era. «Quien

---

[7] Publicado en el semanario *Alfa y Omega*, 2001, 24-V-2001.

supone que algo es por naturaleza bueno o malo o, en general, obligatorio o prohibido, ese se angustia de muy diversas maneras (...). Si el convencimiento de que por naturaleza unas cosas son buenas y otras malas produce angustias, entonces también es malo y vitando el suponer y estar convencido de que algo es objetivamente malo o bueno»[8].

Nadie discute la existencia ni las hazañas de Aníbal ni las de Julio César o Napoleón, pero sí, en cambio, la de Jesús de Nazaret. ¿Por qué? Porque si es verdad lo que hizo y lo que dijo, yo tendría que cambiar algunas cosas en mi vida.

Está mal que alguien se engañe a sí mismo diciéndose que está bien lo que realmente está mal, pero es perverso que se dedique a difundir teorías escépticas o relativistas con el fin de intentar dar soporte intelectual a la propia debilidad.

Me comentaron hace tiempo un sucedido muy gracioso sobre la capacidad de engañarse que tiene la gente. Había dos amigos que se juntaban después de mucho tiempo sin verse. Más o menos, el diálogo transcurrió de esta manera:

—¡Cuánto tiempo sin verte! ¿Dónde has estado?

---

[8] Sexto Empírico, *Esbozos Pirrónicos*, I, 8.

—Estuve asistiendo a unas clases para quitarme las ganas de fumar.

—Por lo que veo, no han dado resultado.

—¡Pues claro que sí!

—¡Pero, si estás fumando...!

—Sí, pero es que ahora fumo sin ganas.

La verdad es la necesidad más profunda del hombre

En la Apertura del Curso Académico de la Universidad de Berlín, el 22 de octubre de 1818, Hegel pronunció un discurso sobre la necesidad de la verdad que tiene el hombre. He seleccionado algunos párrafos:

La necesidad más seria es la de conocer. Es aquella por la cual el ser espiritual se distingue del ser puramente sensible, y por esto, es la necesidad más profunda del espíritu, y, por lo tanto, una necesidad universal. (…) hay hoy todavía quienes afirman y pretenden demostrar que no hay conocimiento de la verdad, que Dios, la esencia del mundo y del espíritu, es un ser inconcebible e incomprensible. Se debe, en su opinión, atenerse a la religión, y esta debe atenerse a la creencia, al sentimiento, a un presentimiento oscuro de su objeto y no aspirar a un conocimiento racional de la verdad.

Un poco más adelante, en el mismo discurso, trae a colación a Poncio Pilato, pero esta vez, al contrario que Kelsen, no para alabar su ecuanimidad, sino para criticar su cinismo: «*Han ido tan lejos como Pilato, el procónsul de Roma, que, oyendo a Cristo pronunciar la palabra* "verdad", le preguntó: "*¿Qué es la verdad?*". Como quien sabe a qué atenerse en este punto, como quien sabe, quiero decir, que no hay conocimiento de la verdad».

Acto seguido, Hegel manifiesta lo absurdo de los que presumen de relativistas:

Y así, este abandono de la indagación de la verdad, que en todo tiempo ha sido mirado como señal de un espíritu vulgar y estrecho, es hoy considerado como el triunfo del talento. Antes, la impotencia de la razón iba acompañada de dolor y de tristeza. Pero pronto se ha visto a la indiferencia moral y religiosa, seguida de cerca de un modo de conocer superficial y vulgar, que se arroga el nombre de conocimiento explicativo, reconocer francamente y sin emoción, esa impotencia y cifrar su orgullo en el olvido completo de los intereses más elevados del espíritu. (...) Este pretendido conocimiento se ha atribuido, no obstante, el nombre de filosofía y nada ha alcanzado mayor éxito cerca de los talentos y caracteres superficiales, nada que acojan con más entusiasmo que esta doctrina de la impotencia de la razón, por la cual su propia ignorancia y nulidad adquieren importancia y vienen a ser como el fin de todo esfuerzo y de toda aspiración intelectual. (...) Sostengo que la filosofía tiene un objeto, un contenido real, y este contenido es el que quiero exponer a nuestra vista. (...) El amor a la verdad y la fe en el poder de la inteligencia son la primera condición de la indagación filosófica[9].

Esta actitud que denuncia Hegel, y de la que presumen muchos relativistas, se repite en nuestros días con más fuerza que en su época. Y lo peor es que revisten ese relativismo bajo el manto de la «ecuanimidad», «tolerancia», «imparcialidad».

Pero el escepticismo, más que la «castidad» del entendimiento, es abstinencia de verdad y, por lo tanto, sequedad de la mente. La mente

---

[9] Hegel, George W.F., Discurso pronunciado el 22 de octubre de 1818 en la Apertura del Curso Académico de Berlín.

se fecunda, se hace fecunda, con la verdad, no con la ignorancia. Un viejo maestro italiano decía con frecuencia que el relativismo era como el *sida intelectual*, un síndrome de inmunodeficiencia frente a las ideas. Si uno no tiene criterio, capacidad de juzgar sobre la verdad o falsedad de una afirmación, cualquier cosa que escuche o que lea le parecerá bien, o... le parecerá mal, todo según cómo se encuentre en cada momento; en cualquier caso, no tendrá un criterio para juzgar por qué.

Decir la verdad

El relativismo lleva a no valorar la mentira. No sé cuánto se mentía en otras épocas, pero hoy se miente muchísimo: en la prensa, en la calle, en el trabajo, en la familia. Y así no es extraño que a uno le entre la sensación de incapacidad para conocer la verdad. Pero esto no es culpa de la estructura de nuestra mente ni de la opacidad de la realidad, sino del vicio de los hombres. La gente se jacta incluso de la deslealtad, hasta con tintes de humor macabro: me contaron de un coche que llevaba en la parte trasera un adhesivo que decía: «Sonríe, tu mujer me ama».

Con la mentira, el hombre se incomunica. La palabra se nos dio para expresar nuestros pensamientos; y se nos dio la razón, para que nuestros pensamientos fueran verdaderos. La misma convivencia se hace insoportable con la mentira. La desconfianza no hay quien la aguante. Se dice que «donde hay confianza, da asco», pues más asco da la desconfianza. Además, el mentiroso tiene que tener muy buena memoria para que le cuadren las piezas. Conocí a una persona, un poco bruta, pero noble, que solía decir: «Si no vas de cara, terminas yendo de culo». Y es verdad. La sinceridad, aunque a veces cueste, abre muchas más puertas que la mentira.

¿Y qué hay que hacer para extender la verdad? Muy sencillo: decirla. Decirla y no esconderse. Se cuenta de una persona que quiso decir la verdad a Bernard Shaw, y le envió una carta muy breve sin firmar, en la que se leía: «Imbécil». Bernard Shaw, al abrirla, comentó: «He recibido en mi vida muchas cartas sin firma, pero esta es la primera vez que recibo una firma sin carta». Y es una pena, porque quien la escribió seguramente decía la verdad.

Distinguir entre racionalidad práctica y especulativa

Kelsen tiene razón cuando afirma que la verdad sobre los valores es diferente de la verdad sobre los hechos, pero eso no significa que la verdad sobre los valores sea relativa a los sentimientos de cada cual. Decir que el hombre es un ser vivo es una verdad especulativa, que se logra abriendo los ojos y comprendiendo lo que es la vida y lo que es el ser. En cambio, afirmar que el hombre tiene que decir siempre la verdad, o que tiene que ser fiel a sus compromisos, es una verdad moral, que tiene una estructura distinta.

¿Cuál es esa estructura del razonamiento moral? La afirmación de un deber ser, esto es, sobre lo que el hombre debe hacer u omitir, presupone el conocimiento de un fin que se tiene que conseguir. Pero un fin es valioso, no porque se desea, sino porque objetivamente el hombre se hace mejor al conseguirlo. Lo cual presupone una idea de *progreso* en la vida humana. En el plano físico e intelectual, nadie discute que el hombre está en un continuo proceso de desarrollo, pero en el moral, muchos dudan de que haya un paradigma o un modelo de hombre bueno o realizado. Más adelante intentaré justificar la existencia de un fin objetivo en que consiste la plenitud humana. Ahora basta con indicar que el razonamiento moral tiene la estructura común a todo razonamiento práctico: una premisa mayor, que es un fin a conseguir mediante la acción, una deliberación sobre los medios adecuados para conseguir el fin, y una elección o decisión por la que elegimos uno entre los diversos medios para conseguir el fin. El razonamiento práctico será correcto, si el medio elegido es el más apto para lograr el fin deseado.

Hay, por lo tanto, una relatividad propia del razonamiento moral, que no debemos confundir con el relativismo. En el ámbito de la razón práctica, la correcta elección entre diversos medios legítimos para lograr un fin bueno es algo por definición relativo al fin. Y es opinable en la medida en que haya más de un medio posible y legítimo para conseguir el fin. Y esto sucede precisamente con la praxis política, donde muchos medios legítimos pueden ser discutidos para lograr el fin del bien común. Por eso, habitualmente no existe una única opción política que sea la correcta. Pero esto no ha de confundirse con el relativismo. Por eso, Kelsen no tiene razón cuando afirma que los que no defienden el relativismo postulan la existencia de *una verdad política*. La verdad política sí que es relativa, y la moral lo es solo hasta cierto punto.

D. Quijote, quien explica esta misma idea con su habitual claridad y sentido del humor, cuando defiende que para ser santo no hace falta ser fraile, sino que son muchos los caminos que llevan a la plenitud de la vida:

—Así que, señor mío, [dijo Sancho] más vale ser humilde frailecito, de cualquier orden que sea, que valiente y andante caballero; más alcanzan con Dios dos docenas de diciplinas que dos mil lanzadas, ora las den a gigantes, ora a vestiglos o a endriagos.

—Todo eso es así –respondió don Quijote–, pero no todos podemos ser frailes, y muchos son los caminos por donde lleva Dios a los suyos al cielo: religión es la caballería, caballeros santos hay en la gloria.

—Sí –respondió Sancho–, pero yo he oído decir que hay más frailes en el cielo que caballeros andantes.

—Eso es –respondió don Quijote– porque es mayor el número de los religiosos que el de los caballeros.

—Muchos son los andantes –dijo Sancho.

—Muchos –respondió don Quijote–, pero pocos los que merecen nombre de caballeros[10].

---

[10] CERVANTES, *El ingenioso hidalgo D. Quijote de la Mancha*, parte II, cap. VIII.

Por eso quien dice que hay una única moral, «la moral», como afirma Kelsen con cierto sarcasmo, se le puede responder que lo que hay es un único fin, que es la plenitud de vida, pero muchos los caminos que conducen a ella. Más adelante veremos que podemos *conocer* esa plenitud de vida.

La verdad de los valores. Valores y virtudes

Los valores son los fines que nos proponemos conseguir en nuestra vida. El relativismo defiende la igual legitimidad de todos los fines que elijamos, «siempre que no molesten a los demás». Los fines se convierten en valores por el simple hecho de ser elegidos y deseados por los hombres, y cuanto más deseados por los hombres, tanto más valiosos.

¿Es realmente así? ¿Los fines son valiosos porque los elegimos o los elegimos porque son valiosos? El sentido común nos da una primera respuesta: si todos los fines que los hombres se propusieran con sus vidas fueran igualmente legítimos, tan valiosos serían los apetitos complementarios de dos sadomasoquistas en el momento de sus relaciones sexuales, como el de la madre Teresa de Calcuta a la hora de atender enfermos.

Frente al relativismo podemos decir que los valores no son valiosos por el simple hecho de proceder de una voluntad deliberada, sino porque su consecución nos hace realmente mejores personas. Dicho más claramente, los valores derivan su inviolabilidad del hecho de ser verdaderos y corresponder a exigencias verdaderas de la naturaleza humana.

Por lo tanto, un valor, en sentido propio, es una verdad, no un simple deseo, que inspira el comportamiento de una persona, y será tanto más valioso cuanto mejor persona le haga.

Ciertamente podemos, pero solo como licencia del lenguaje, porque está muy extendido, llamar valor a cualquier fin que se proponga una persona con su vida, aunque sea un fin inmoral. Los valores de una persona serían sus fines, lo que más le importa conseguir en su vida. Dime qué es lo que más te importa conseguir en la vida: esos son tus valores. Y en vista de estos fines, cada uno dispone su propia vida.

¿Qué relación tienen los valores con las virtudes? Si los valores son los fines, las virtudes son las fuerzas que nos capacitan para lograr los fines. Hay gente con valores verdaderos, con nobles deseos, pero sin fuerza para hacerlos realidad en sus vidas. Hay gente con valores, pero sin virtudes morales. Pero lo que no hay es gente con virtudes y sin valores, porque la capacidad que se adquiere para lograr un fin presupone siempre el conocimiento del fin para el que se tiene dicha capacidad.

La educación moral consiste, precisamente, no solo en inculcar valores, sino también en ayudar a forjar las disposiciones que nos capacitan para lograr esos valores.

En este punto, como en tantos otros, el relativismo lleva a situaciones absurdas por contradictorias: la gente se escandaliza de tantos delitos, abusos sexuales, maltratos, corrupción, etc., pero no quiere oír hablar de las virtudes que nos capacitan para evitarlos: castidad, templanza, sinceridad, sobriedad…

De todos modos, conviene advertir que el lenguaje de los «valores» alimenta el relativismo, porque acabamos de ver que muchos comprenden los valores como proyecciones de preferencias subjetivas cuya justificación no es otra que el simple hecho de ser objetos deseados por el portador del valor, que no es otro que el portador de un interés. De este modo, los valores se terminan por confundir con los intereses, intereses personales o colectivos. El lenguaje de los valores es un lenguaje oscuro. Como escribía

David Cayley, «nadie ha sido capaz de decirme lo que es un valor. Si alguien me pregunta qué es una manzana, puedo decirle qué es una manzana. Nadie puede decirme qué es un valor. Me parece un lenguaje oscuro para la moral una vez que se ha destruido la idea de finalidad»[11]. El lenguaje del valor es, sobre todo, el lenguaje de Nietzsche, para quien en un mundo sin Dios las cosas valen en la medida en que satisfagan los intereses humanos.

El lenguaje de los valores ha impregnado también el lenguaje de los «derechos humanos», convirtiéndolos en intereses colectivos.

Pero la realidad tiene un sentido previo a la voluntad humana. Como veremos más adelante, las cosas tienen sentido si han sido previamente determinadas, creadas para algo. Serán buenas o malas en la medida en que sean ellas mismas. Un destornillador es bueno en la medida en que sirve para apretar o aflojar tornillos, y si no sirve para eso, no es un destornillador. Las cosas se definen por su finalidad. Y la naturaleza creada es igual. Y si hay un fin, hay un bien, y si hay un bien, podemos hablar de progreso o corrupción,

---

[11] CAYLEY, DAVID, *George Grant in Conversation*, House of Anansi Press, Toronto 1995, pp. 120 y 121.

de mejor y de peor. Si no, todo son meros cambios sin sentido. No hay progreso. Si las cosas no tienen sentido, valen lo que nosotros queramos que valgan. Nuestros deseos, completamente arbitrarios, serán la única fuente de valor. Ya no deseamos las cosas porque previamente sean buenas, sino que las consideramos valiosas solo porque las deseamos. Esta es la esencia del existencialismo, la libertad radical frente a la propia falta de sentido del mundo.

La voluntad ya no se concibe a la manera clásica, como un motor impulsado por la atracción del bien, sino como pura originalidad. Esta deformación de la voluntad (deformación en sentido literal, porque priva a la voluntad de su forma) se debe en gran parte a Ockham, para quien la libertad es la capacidad de la voluntad de determinarse a sí misma en cualquier dirección. Bajo la influencia de Ockham, la voluntad humana ya no se entiende como una inclinación natural hacia el bien, sino como una indeterminación. Una indeterminación que solo es absoluta en Dios, mientras que en el hombre es limitada, precisamente a causa de la voluntad divina. Y si la voluntad ya no es inclinación sino indeterminación, la primera de las causas de la acción humana ya no será la causa final (como diría santo Tomás), sino la causa eficiente de la voluntad misma; de una voluntad entendida como principio radical y absoluto de la acción. Desde Ockham, se ha difundido la idea de que, para que el acto de la voluntad sea libre, no debe ser provocado por nada, sino solo por la propia decisión. Se pierde la idea tomista de la voluntad como respuesta natural a la llamada del bien. Y de este modo se rompe el vínculo entre libertad y bien.

La gente ya no se plantea la verdad de lo que lee o escucha

Me contaron de un niño que preguntó a su padre:

—Oye, papá, ¿quién venció a los filisteos?

—Ni idea, hijo... Ya sabes que a mí no me gusta el fútbol.

Es un chiste, pero es verdad que el relativismo lleva al desencanto por el estudio. Si lo que opine uno vale lo mismo que lo que opine otro, si no hay verdad, todo es igual, ¿para qué estudiar? Llama la atención de qué modo, en los programas de radio y de televisión, en la calle, todo el mundo parece saber de todo.

Se ha generalizado la convicción de que los pensamientos de cada hombre están totalmente condicionados por su cultura, su situación social, sus sentimientos. Si es así, ¿para qué esforzarnos en saber lo que piensa? Estudiemos si acaso la sociología que condiciona sus opiniones.

En el ámbito de la filosofía, y también de la filosofía jurídica, se ha producido lo que podríamos llamar *monopolio de la perspectiva filológica*. La gente no se pregunta ya por la verdad de lo que lee. En el mejor de los casos se plantea las influencias que tuvo el autor, la evolución del escritor, lo que quiso decir, etc. Comentando un pasaje del libro de C. S. Lewis *Cartas del diablo a su sobrino*, el entonces cardenal Ratzinger escribía:

El modesto demonio había manifestado a su superior la preocupación que tenía de que precisamente personas especialmente inteligentes leyeran los libros de sabiduría de los antiguos y de esta manera pudieran llegar a descubrir los vestigios de la verdad. Screwtape le tranquiliza señalándole el punto de vista histórico, al que las personas doctas del mundo occidental habían llegado, convencidos felizmente por los espíritus infernales, y este punto de vista significaba que la única cuestión que con seguridad no se plantearía nunca sería la que trataba acerca de la verdad de lo leído; en vez de eso, se formularían preguntas acerca de las influencias y dependencias, acerca de la evolución del correspondiente escritor, acerca de su influencia histórica, etc.[12].

Por otra parte, el relativismo lleva al esnobismo intelectual, más pendiente de novedades que de verdades, más pendiente de quién habla que de lo que dice. Incluso, los hay tan superficiales, que valoran los pensamientos cuando son dichos o escritos en inglés o en alemán. Además, el relativismo con frecuencia induce a muchas personas a escribir con una sintaxis complicada, con un léxico inusual y rebuscado, para hacer creer que sus pensamientos son muy profundos, y lo peor es que la gente se lo cree. Y como decía Balzac, «entre los tontos, el vacío se parece a la profundidad. Para el que es vulgar, la profundidad es incomprensible. De ahí viene quizá la admiración del pueblo por todo aquello que no comprende»[13]. Aunque también es verdad que

---

[12] RATZINGER, JOSEPH, *Fe, verdad y tolerancia*, cap. II. 2.3.

[13] BALZAC, HONORÉ DE, «Une ténébreuse affaire», publicado por primera vez en el periódico *Le Commerce*, 1841, luego recogido en su colección de novelas, *La Comedia Humana*, 1843. La cita procede de la versión editada por Librairie Nouvelle, París, 1860, p.24, disponible en Internet.

algunos escriben así porque no saben escribir, lo cual esto es síntoma de razonar mal, de haber leído poco o de haber leído poco y mal. Con frecuencia se califican de intelectuales o pensadores a estas «personas profundas», como si los demás hombres no fuéramos intelectuales ni pensadores. Contra esta actitud superficial, decía Argensola: «Si vos pretendéis que venga / a ser tan gran necio el mundo / que por vuestra barba luenga / por filósofo profundo, / sin otro argumento, os tenga: / mirad que dais ocasión / a que ya cualquier cabrón, / por la gran barba que cría, / aspire a ser algún día / otro Séneca o Platón»[14].

En el plano educativo, un síntoma muy claro de este esnobismo es la obsesión por los idiomas, que ciertamente hay que aprender, pero sin darle más importancia que al ideario del colegio. Un amigo de la universidad hace tiempo me comentó la presión que le estaban haciendo unos familiares para que sacara a sus hijos de un colegio donde se impartía una sólida formación cristiana, para meterlos en determinado colegio inglés, conocido por su desorientación moral,

---

[14] DE ARGENSOLA, BARTOLOMÉ L., «A un letrado», Epigramas, cito de http://www.los-poetas.com/h/aregen1.htm#Epigramas

pero donde también se aprendía alemán. Sin dudarlo, mi amigo respondió: «Prefiero que mis hijos me digan cosas sensatas en un idioma, a que me digan sandeces en tres». Aunque, ciertamente, lo ideal es que tuvieran ideas claras y además dominaran varios idiomas; pero ante todo, ideas claras.

La filosofía se convierte en ideología

Se cuenta de un famoso teólogo, destacado por sus continuas críticas a la Iglesia, que, si por error le eligieran Papa, lo rechazaría. ¿Por qué? Porque está convencido de que entonces perdería su infalibilidad. Aunque suene a broma, en el fondo hay muchos que piensan que, si uno está de un lado, se equivoca seguro, diga lo que diga. En cambio, si dijera lo mismo pero adscrito a determinado partido o ideología, entonces su discurso merecería un cierto respeto. Y así muchas veces ya no se pregunta qué piensa alguien sobre determinado tema, sino de qué partido es, y entonces se prejuzga su pensamiento. Y de este modo se politiza el conocimiento, el filosófico, por supuesto, pero también el científico experimental. Si no hay verdad, lo que se dice y lo que se piensa está subordinado a un interés previo no científico, no cognitivo, sino sentimental, irracional.

Pero lo cierto es que una afirmación sobre la existencia de una realidad será verdadera si esa realidad existe, y falsa, si no existe. Y no es por eso una afirmación de derechas ni de izquierdas, democrática o antidemocrática. En la bioética, por ejemplo, a veces se ha llegado al extremo de pensar que los que defienden la posibilidad de experimentar con células madre embrionarias son de izquierdas, mientras que los que dicen que es mejor experimentar solo con células adultas son de derechas. Esto es un insulto a la inteligencia, a la capacidad de juzgar sobre la verdad o falsedad de las cosas. Lo mismo pasa con la existencia de Dios: o existe o no existe, pero es absurdo pensar que para mí no existe, mientras que para ti, sí, o peor todavía, decir que es de derechas afirmar que existe Dios, y de izquierdas, negarlo. La verdad no es de izquierdas ni de derechas, no es progresista ni conservadora, no es moderna ni antigua: es sencillamente la concordancia entre lo que existe y lo que se piensa, y entre lo que se piensa y lo que se dice.

Relativismo, belleza y urbanismo

Otro de los efectos más nocivos del relativismo es la disolución de la belleza. La belleza ya no es la bondad manifiesta que, por abrirse al conocimiento, produce agrado. Desde el relativismo, lo bello se identifica con lo novedoso, con lo que llama la atención y, a la postre, con lo provoca y escandaliza. Y como es lógico, lo que solo atrae por la novedad, al poco tiempo ya no vale nada.

Pero la crítica más importante al relativismo en la belleza la podríamos formular así: si la belleza depende solo y exclusivamente de lo que sienta el que la contemple, una obra será tanto más bella cuantas más emociones experimente el que la esté mirando. Entonces, lo lógico sería proporcionar droga a los visitantes del museo antes de entrar para que tengan una mayor experiencia estética.

Una parte significativa del arte contemporáneo no lo entiende ni su padre, precisamente porque está enmarcado en el contexto relativista o, más bien, nihilista. Como consecuencia de una búsqueda obsesiva de la novedad, se hacen objetos carentes de significados inteligibles; es el imperio de lo efímero y, muchas veces, también de la sintonía con el poder que subvenciona la exposición. Al arte raro, por ejemplo, al cine que no ve casi nadie, lo llaman «cine independiente». Yo siempre he pensado que el nombre está muy bien puesto, con tal de que se entienda como «independiente del público».

Quizá el mejor libro que se ha escrito en castellano sobre la belleza sea el de Antonio Ruiz Retegui, *Pulchrum*. Ahí se explica muy bien, entre otras muchas cosas, la relación de la belleza con la verdad, y se centra de nuevo el objeto de la belleza en la naturaleza creada, no solo en lo que hace el hombre. «Es curioso —escribe Ruiz Retegui— que, actualmente, casi todos los tratados de estética o estudios sobre la belleza son principalmente "teorías del arte", es decir, estudian la belleza como posible cualidad de los artificios del "homo faber"»[15]. En ese libro se explica también por qué la hermosura primordial de las criaturas depende de su adecuación al sentido con el que Dios las creó. Lo monstruoso, lo feo, es rebelarse contra ese sentido. El hombre está en tensión hacia la belleza, porque tiende hacia la plenitud de su forma y apetece la consumación de la realidad entera, y cuando se encuentra con una naturaleza fiel a sí misma, entonces goza.

---

[15] Ruiz Retegui, Antonio, *Pulchrum*, Rialp, Madrid 1999, I. ¿Qué es la hermosura?, 6. Transformación del *pulchrum* en la modernidad.

Decía el entonces Cardenal Ratzinger en una de sus homilías:

Lo bello no está solo en la mirada del que observa ni es puro subjetivismo. En la proporción de las notas en una obra musical, en la simetría de las formas geométricas o en la yuxtaposición de colores complementarios, existen caracteres objetivos que están en el origen de las experiencias estéticas. Todo eso está ahí, como suplicando que lo captemos con la vista y el oído para hacernos soñar y trascender. Se entiende así que, para Tomás de Aquino, las características definitorias de la belleza sean la unidad, la armonía y la claridad. El verdadero arte, incluidas las vanguardias, siempre estará en relación con el poder persuasivo de la verdad y la bondad. Por eso, san Agustín no dudó en identificar con Dios la belleza absoluta: «Tarde te he amado, Belleza tan antigua y tan nueva» (Confesiones)[16].

Por otra parte, para captar la belleza de la naturaleza en todo su esplendor, no solo hay que desterrar el relativismo, sino también el sentido

---

[16] Tomo la cita del artículo de Francisco LORCA, «Arte y nihilismo», publicado en el IDEAL Granada, el 27 de marzo de 2007.

del fragmento. Es preciso ver la obra entera. La creación es como una inmensa sinfonía, donde es mucho más hermosa la música del conjunto que la de un solo instrumento separado de la orquesta. Hay cosas que, si no se captan en su conjunto, no se comprenden de ningún modo. Semejante pretensión es tan necia como la de aquel que, para memorizar un número muy elevado, decía que se lo metía en la cabeza poco a poco, en cantidades pequeñas, hasta llegar al importe total.

Íntimamente relacionado con esto, es el fenómeno del ateísmo ligado a las grandes ciudades, porque el hombre de la gran ciudad se siente rodeado por un entorno hecho por él: desde la red de alcantarillas, el asfalto del suelo y los edificios, pasando por la luz eléctrica y las redes wifi, hasta el sonido de las bocinas y sirenas mezclados con el olor de la contaminación... todo es obra del hombre. Y el hombre, estresado por las prisas, pierde su compostura natural, porque va corriendo de un sitio a otro. Los únicos animales que se pueden ver son unos cuantos perros atados a sus dueños. Todo en la gran ciudad es relativo a lo que el hombre ha hecho. Por eso, para curarnos del relativismo, ayuda el mirar lo que no ha hecho el hombre (o al menos, lo que no ha deshecho): salir al campo, mirar a los pájaros, ver el mar si es posible, contemplar las estrellas... Todo esto es mucho más bonito, más complejo y más estable que lo que somos capaces de hacer nosotros. Se ha hecho célebre la irónica y relativista descripción del campo que hace Julio Cortázar: «Es ese lugar, lleno de polvo, donde los pollos corren vivos».

5. RELATIVISMO
Y TRASCENDENCIA

Hace tiempo me contaron que en un pueblo de Castilla sacaron al santo en procesión porque no llovía; lo pasearon por las calles durante varias semanas, hasta que, cansados de tanto rezar, enfadados con su patrón, lo tiraron al río. Es verdad que junto a la verdadera religión hay mucha superstición, pero esto no convierte en irracional lo religioso.

El preguntarse sobre el para qué de algo presupone una inteligencia que haya lanzado ese algo a la existencia y le haya destinado a un fin. Por contraste, aquello que es fruto del puro azar o de la casualidad no tiene fin, no tiene un objetivo, esto es, no tiene causa final. ¿Qué sentido tiene, por ejemplo, preguntarse sobre el para qué de la disposición de la basura arrojada ciegamente en un vertedero sin orden ni concierto? La regularidad que observo en la disposición de un montón de inmundicias arrojadas al azar, por ejemplo, dos plásticos, un hierro, una botella, tres plásticos, un jersey, una lata, otro hierro... me podría engañar e inducir a formular una ley que exprese esa regularidad, pero lógicamente sería una ley a posteriori, que no obliga a nadie a respetarla, porque el azar a nadie obliga.

Donde no hay Creador, donde el hombre es considerado fruto de la pura casualidad, la naturaleza no es más que materia ciega, cuya forma es tan aparentemente caprichosa como la forma de las nubes o como el montón de basura tirada al azar en el vertedero. Si todo mi ser es fruto del azar, entonces, ¿por qué no puedo yo reformar la naturaleza, la mía en primer lugar? ¿Por qué tengo que obedecer a unas regularidades –las leyes de la naturaleza no serían más que regularidades– que puedo dominar con mi inteligencia? Por ejemplo, por qué tengo que tener relaciones sexuales con los de mi especie, y no puedo tenerlas con los animales, o si no me encuentro a gusto con mi sexo, por qué no cambiarlo, al menos en apariencia.

La pretensión de intentar someter *completamente* la naturaleza al poder reformador de la inteligencia humana es una consecuencia lógica y comprensible del ateísmo, salvo que se acepte, sin saber por qué, que la naturaleza tiene unas regularidades más sabias que las de los hombres (aceptación, que desde una posición atea, es quizá la más razonable).

Pero la naturaleza no es puro azar. Aceptar el dominio de la casualidad sobre la causalidad presupone una fe mucho más increíble que la fe en la existencia de Dios. Si hasta el mecanismo del ser más insignificante de la creación, un mosquito, por ejemplo, es mucho más sofisticado que el más sofisticado de los ordenadores de la NASA. Se puede mostrar que toda la naturaleza creada, empezando por el propio hombre, está llena de racionalidad, de una racionalidad que no solo da forma a cada individuo, sino al conjunto entero: en la creación cuadran todas las piezas, todas se superponen de manera admirable. Si tirásemos millones de letras al viento desde el edificio más alto de nuestra ciudad y cayeran dispuestas de tal modo que pudiéramos leer, digamos... el Quijote, sería una casualidad mucho menor que la de la armonía de la propia naturaleza, porque el resultado no es una obra estática, sino miles de millones de seres dinámicos sostenidos unos con otros.

Si la naturaleza tiene una finalidad, es decir, si tiene un sentido, solo podemos conocerla cabalmente si conocemos el fin al que tiende. Decía Aristóteles que el error sobre el fin o razón de ser de cualquier cosa es el peor de los errores, porque entonces no se comprende nada, y uno es incapaz de tratar las cosas con el respeto que merecen. Por ejemplo, si una persona del siglo diez se encontrara con un vehículo del siglo veinte —imaginemos que ha llegado hasta allí por una supuesta máquina del tiempo— y, sin saber para qué sirve, quisiera sacarle todo el provecho posible, lo podría utilizar de muchas maneras: podría cortar la chapa y hacer escudos, o utilizarlo como refugio a modo de cabaña, o atarle dos mulas para que tiren de él como un carro, o prenderle fuego para calentarse... Todos estos usos pueden proporcionarle algo de utilidad y cierta satisfacción, pero solo si supiera para qué sirve *realmente* un coche (cuál es su sentido) y cómo se utiliza, sería capaz de sacarle todo su provecho y de gozar de él mucho más que los que trataran de hacer con él escudos, un refugio, un carro... Pues con la naturaleza humana ocurre algo semejante: solo quien conoce cuál es el fin propio del hombre, el motivo de su existencia y las normas que conducen mejor a ese fin, está en condiciones de sacar el máximo provecho a su propia vida. Y esto presupone necesariamente la idea de un Creador.

Si reconocemos que las cosas creadas, entre las que destaca el mismo hombre, tienen una finalidad que el hombre no inventa, sino que descubre, respeta y promueve, entonces las normas morales no se contemplan como una imposición caprichosa de nadie, ni siquiera de Dios, sobreañadidas a la vida de los hombres, sino la expresión de su dinamismo natural y el camino de su perfección. Y, por tanto, de su felicidad, porque el hombre es feliz en la misma medida en que se realiza, en la medida en que logra la plenitud de su forma (física, intelectual, afectiva…).

Este planteamiento realista, y, por tanto, iusnaturalista, se opone al positivismo, según el cual, el único sentido que tienen las cosas y el hombre mismo es el que cada cual se invente. El fin de las cosas no sería más que la proyección sobre ellas mismas de los deseos humanos. Aplicado sobre la vida política, el fin de la vida en común sería el que decida la mayoría de turno.

Pero frente al positivismo podemos defender que el sentido de la vida de los hombres es *una verdad* anterior a las decisiones políticas, una verdad que nadie inventa, sino Dios, y que compete al hombre descubrir y realizar. La política se justifica precisamente en la medida en que sirve a esos fines del hombre, que son anteriores y superiores a cualquier decisión política y personal.

Ante este argumento se me podría reprochar: «Lo que dices está bien si previamente crees en Dios, pero los que no creemos no podemos defender esta idea de la ley natural». Ante lo cual les respondo que la existencia de Dios, aunque sea solo como ser supremo ordenador, es una verdad asequible a la razón, cuyo conocimiento es presupuesto de muchos otros conocimientos. El reconocer la existencia de Dios no es una opción como la de quien se hace socio de un club de fútbol o se afilia a un sindicato. Es un presupuesto cognoscitivo fundamental, sin el cual es muy difícil comprender las realidades más importantes de la vida humana. Tratar de hacer un discurso completo sobre la ley natural prescindiendo de Dios, es como explicar geografía para el colectivo de los «tierraplanistas». En nombre de la tolerancia, quizá nos podemos imaginar que reivindicaran su derecho a una «geografía inclusiva» frente a una «geografía dogmática». Pero vemos que no es posible enseñar así las cosas: si los alumnos no comprenden que la tierra es redonda, no podrán aprender más que una geografía muy superficial (nunca mejor dicho). Pues sin conocer que Dios existe es imposible comprender cabalmente la filosofía moral. Santo Tomás, un hombre extraordinariamente delicado en sus afirmaciones, decía literalmente que «la máxima estupidez del hombre está en no percibir unas señales tan manifiestas de la divinidad»[1]. El hombre puede llegar inmediatamente por la razón, sin el concurso de la fe, a conocer a Dios de alguna manera, por ejemplo, viendo que todo en este mundo se desenvuelve según un cierto orden, y no habiendo orden sin ordenador, el hombre cae en la cuenta con frecuencia de que ha de haber un ordenador de las cosas visibles[2].

Desde Grocio se generalizó la pretensión de hacer una teoría de la ley natural *etiam si daremus non esse Deum* (como si Dios no existiera), con la noble intención de lograr el acuerdo más amplio posible entre creyentes y no

---

[1] De Aquino, Tomás, *Suma Contra Gentiles*, III, 38. Y san Pablo escribe para reprochar la incredulidad de los romanos: «Lo que de Dios se puede conocer, está en ellos manifiesto: Dios se lo manifestó. Porque lo invisible de Dios, desde la creación del mundo se deja ver a la inteligencia a través de sus obras: su poder eterno y su divinidad». Cfr. *Rm* 1, 19-20; Cfr. *Hch* 14, 15.17; 17, 27-28; *Sb* 13, 1-9.

[2] De Aquino, Tomás, *Suma Contra Gentiles*, III, 38.

creyentes. Pero el rechazo de la condición del hombre como criatura y, por tanto, la de Dios como creador; la afirmación de un modelo de hombre que no acepta para su comportamiento otra medida que no sea la de su propia voluntad (o la de la mayoría), lleva lógicamente a negar la obligatoriedad de la naturaleza y de cualquier norma que no proceda de la voluntad humana; lleva a la absolutización de la voluntad soberana del hombre; y, lo que es peor, lleva a la negación de la dignidad, fundamento de todos los derechos humanos. Si el hombre no es más que un complejo de materia, más energía, más información, su valor dependerá de la calidad y combinación de estos tres elementos, de tal suerte que, cuando su materia, su energía o su memoria empiecen a fallar, el individuo comenzará a perder su valor.

En definitiva, es necesario volver a introducir la reflexión sobre Dios en el debate ético y político, porque cuando en el Derecho y en la Política se quita a Dios de en medio, toda declaración solemne de derechos y obligaciones se convierte en pura retórica, expresión de buenos deseos, carentes de un fundamento racional decisivo. Al contrario de lo que comúnmente se piensa, el recurso a Dios no es subterfugio de sentimentales, ni tampoco un recurso fraudulento para mantener estructuras de dominación, sino un argumento necesario para justificar cabalmente la obligatoriedad y el fundamento de los deberes y de los derechos humanos.

6. CONCLUSIÓN

Si la verdad consiste en la conformidad del entendimiento con la realidad, debemos esforzarnos por meter esa la realidad en nuestra cabeza. El amor a la verdad requiere interés, esfuerzo por conseguirla. La verdad no es como un tren, que basta con esperar a que llegue. La verdad hay que buscarla y extraerla de las cosas, como el oro de la mina. Y para apropiarse de ella, para introducirla en la mente, hay que esforzarse.

Una vez me contaron que un anciano le preguntó a otro:

—Oye, ¿tu mujer se casó contigo por amor o por interés?

—Pues... –respondió el otro– yo creo que por amor, porque interés... no pone mucho.

Con los buenos deseos no basta, con el amor a la verdad no basta: hace falta interés, esfuerzo, dedicación, leer buenos libros, estudiar, preguntar, escuchar, dialogar con gente instruida y pensar. Y sobre todo, estar dispuesto a ajustar la vida a la verdad conocida, o, dicho brevemente, a caminar en la verdad.

El relativismo es un fundamento demasiado débil para edificar sobre él el derecho y la moral, porque no es capaz de dar razones que justifiquen el respeto que nos debemos unos a otros. La filosofía moral de los últimos treinta años centrada en el diálogo, el consenso, la alianza de civilizaciones… llega a aburrir por su misma imposibilidad. El diálogo es un medio para alcanzar la verdad, quizá un escenario privilegiado para lograrla, pero el diálogo no es el valor supremo. Precisamente, el diálogo es importante por el respeto que merecen todas las personas, cuya dignidad es anterior al mismo diálogo. ¿Pero por qué poseen dignidad los seres humanos? Ni siquiera la filosofía de Kant, con su insistencia en que el hombre no es una cosa, en que no es algo que pueda usarse como simple medio, en que debe ser siempre considerado como fin[1], ofrece una razón suficiente para justificar el valor del ser humano. Ni la dignidad humana ni el deber moral puede justificarse de

---

[1] Cfr. KANT, IMMANUEL, *Fundamentación de la metafísica de las costumbres* (1785), Espasa Calpe, Madrid 1981, p. 85.

modo categórico sin referencia a un ser absoluto que proyecte su valor incondicional sobre los hombres. Dicho en sentido positivo: el deber moral absoluto, es decir, la obligación de hacer algo por otra finalidad que no sea el respeto a la dignidad del hombre, requiere de un ser absoluto e incondicional que haga partícipe al hombre de su valor incondicionado.

Hace muchos años, cuando era estudiante universitario y me ganaba la vida organizando fiestas infantiles, en una de ellas se me ocurrió hacer un concurso de preguntas a los niños. Después de preguntarles todo lo que pensaba que podían saber (nombres de animales, plantas, ríos...), se me ocurrió hacerles una pregunta filosófica: «¿Por cuánto podemos vender a Fulanito?», que era el anfitrión, un niño de unos seis años. Todos levantaron la mano, y fueron respondiendo. El primero lo miró de arriba abajo, como tasándolo, y dijo: «¡Por cien mil pesetas!». Visto que no acertaba, otro respondió: «¡Por cien mil millones de pesetas!». Pero tampoco. Después de que otros tantos niños aumentaran la cifra a cantidades astronómicas, una niña dijo: «¡No se le puede vender!».

—¿Por qué? –le pregunté.

—Pues porque no es una cosa –dijo la niña.

—Bueno, pero los perros y las vacas tampoco son cosas, y los vendemos –le repliqué yo.

En ese momento, el niño de la fiesta, convencido de que le íbamos a vender, levantó la mano, casi como conteniendo el llanto y dijo:

—A mí no se me vende.

—¿Y por qué? –le pregunté.

—Porque yo soy de Dios, y Dios no me vende.

Y se quedó tan ancho. Se hizo un silencio que se podía cortar. Todos, pero especialmente los padres que estaban delante, se quedaron boquiabiertos. Y no es para menos. Ese niño había dado en el clavo. Había intuido la única respuesta posible que justifica el valor incondicionado de la persona humana, que le sustrae a toda tasación, a todo relativismo. Los hombres tenemos dignidad precisamente porque somos hijos de Dios. Uno de los filósofos del derecho más penetrantes de la actualidad, Francisco José Contreras, escribe: «El hombre no es un conglomerado fortuito de células, sino un espíritu inmortal, creado a imagen de Dios. El mandamiento supremo "no trates al hombre como una cosa", que pese a todas las acrobacias filosóficas (y el propio Kant ensayó las mejores) no encuentra una explicación satisfactoria –ni validez categórica e incondicional– en el seno de la cosmovisión laica. Sí las encuentra, en cambio, en el seno de la cosmovisión cristiana»[2].

Pero al hablar de Dios parece como si no saliéramos de la trama racional para entrar en el ámbito del sentimiento. Sin embargo, por lo que llevamos dicho hasta aquí, ya hemos visto que es al revés. No hay nada más irracional que negar la existencia de Dios. Y lo peor es que, si hablas de Dios, te tachan de fundamentalista. «Tener una fe clara, según el credo de la Iglesia —decía Benedicto XVI—, es etiquetado a menudo como fundamentalismo. En cambio, el relativismo, es decir, el "dejarse llevar por cualquier viento de doctrina" (*Ef* 4, 14), aparece hoy como lo único compatible con la altura de los tiempos. Se va estableciendo una dictadura del relativismo que no reconoce nada como definitivo y que deja como última medida solo el propio "yo" y los "propios deseos"»[3].

Se exalta la neutralidad, también en el plano ético, lo cual es una estupidez, porque ser neutral en el plano moral es tanto como encumbrar-

---

[2] CONTRERAS, FRANSICO JAVIER, «Cristianismo, democracia y crisis de la cultura europea», *pro manuscripto*.

[3] RATZINGER, JOSEPH, *Homilía en la Misa* Pro Eligendo Romano Pontifice, 2005, previa al cónclave en el que él mismo fue elegido como Papa.

se por encima del bien y del mal. Esta actitud se traduce en lo político en una obsesión por el «centro», es decir, por la equidistancia de toda postura que afirme algo con convicción. Ya la misma calificación de neutralidad es engañosa si la aplicamos en el ámbito del conocimiento: se nos intenta convencer de que la neutralidad consiste en no adoptar ninguna tesis como más verdadera que otra, sino en presentarlas todas y que cada cual elija la que más le guste. Pero a nadie se le ocurre decir que en el ámbito científico el profesor deba exponer todo lo que se ha dicho sobre un tema –verdadero y falso– para que el alumno escoja lo que le parezca más verdadero. Sencillamente expone el argumento verdadero y trata de justificar por qué los demás son falsos. La verdad de las cosas no es respetada allí donde se evita tomar postura, ni mucho menos. Ser neutral entre la justicia y la injusticia, entre lo verdadero y lo falso, entre el bien y el mal, no es en absoluto un modo correcto de afrontar los problemas. Presentar, por ejemplo, a la madre Teresa de Calcuta y a Hitler como dos tipos equivalentes de personas carismáticas, absteniéndose de formular juicios de valor, no es un modo de ayudar a los estudiantes a comprender el hombre ni su historia.

Y por lo que respecta al ámbito de las costumbres de un país o de una comunidad cualquiera, también es otro error entender la tolerancia como una renuncia a ser uno mismo por el hecho de que el otro sea diferente. El ansia de neutralidad ha degenerado en muchos lugares en una crisis de identidad. Esto vale incluso como argumento para aquellos que entienden que la religión no es más que una manifestación cultural del todo relativa a un pueblo determinado. Un ejemplo muy reciente lo tenemos en la polémica sobre los crucifijos de las aulas en los países de tradición cristiana: por el hecho de que en clase haya uno o varios estudiantes de fe musulmana o budista, retirar el crucifijo no significa atribuir importancia a su tradición, sino manifestar la poca que damos a la nuestra.

Es hora de decirlo bien claro: el relativismo es una postura contraria al deseo natural de verdad que tiene el hombre. Nadie ha nacido para vivir sumergido en la duda, y menos todavía, para presumir de ello, sino *para buscar la verdad que le hace bueno*. Ni siquiera un ciego de nacimiento admite su ceguera: sabe que le falta algo que debería tener, algo que le corresponde a la naturaleza. Y no cesará de preguntarse sobre el porqué de su ceguera, y se preguntará continuamente si hay algún medio para salir de ella. Nadie admite que ha nacido para desconocer lo que más le importa en la vida, nadie se conforma con el veredicto del absurdo.